I0425518

Copyright

Gennaro Canistro

www.gennarocanistro.blogspot.it

Dedica

*Dedico questo libro o ebook ai miei figli Ilaria e Gerardo,
e a tutti i giovani.*

RINGRAZIAMENTI

Un sincero ringraziamento al mio amico fraterno Giovanni Ascione per l' aiuto fornito nei momenti d'impasse e per la stesura finale.

INDICE

Prefazione

Dall' Esperienza alla Teoria

Con la stesura di questo libro posso dire che sono diventato uno scrittore?

No, non sono uno scrittore!

Questo libro nasce quasi per scherzo, con il desiderio di fare una cosa che prima non avrei mai immaginato.

Poi, con la giusta dose di PASSIONE e di ENTUSIASMO, sono riuscito a coronare un bisogno che mi ha reso felice.

Perché inizio con una simile domanda?

Perché ricordo ancora che al quarto anno di istituto superiore consegnavo il mio compito in bianco e uscivo fuori. All' opportunità persa, e alla condizione di non poter immaginare di scrivere un libro.

Stimolare <u>curiosità e ascolto</u>, dovrebbe essere il principio cardine di chi insegna. L' insegnante si dovrebbe porre nei confronti dei propri studenti, come un bravo attore si pone nei confronti del suo pubblico, con umiltà alla ricerca dell' ascolto. Mi ritrovo pienamente in una citazione di Galileo Galilei, "il buon insegnamento è per un quarto preparazione e tre quarti teatro."

Questa citazione per me vale anche nella vendita.

Per tutti quei lettori che potrebbero trovare una sintassi non all' altezza delle proprie letture abituali, preciso di aver ricercato appositamente una scrittura semplice, considerando che l' esternazione del pensiero, anche quello più complesso, possa essere compreso da tutti.

Spero di riuscire a trasmettere il pensiero nella sua condizione più autentica, e di far cogliere l' opportunità di meditare e riflettere.

Il titolo potrebbe apparire equivoco o poco chiaro.

Questo non è un manuale tecnico per un venditore e nemmeno la classica bibbia motivazionale che tutti i venditori nell' arco della propria carriera hanno letto e magari usato.

L' intento è quello di trasformare la propria esperienza personale, formativa e culturale in un percorso semplice per capire la necessità di filosofare.

Seneca diceva che la filosofia insegna a fare, non a dire.

Qualche filosofo, potrebbe iniziare a preoccuparsi, stia tranquillo, non è un manuale di filosofia.

Non ho la presunzione per una simile affermazione, oltretutto nei miei studi scolastici la materia filosofia era inesistente. Penso tuttavia, che tutti gli esseri umani a vari livelli, potrebbero e dovrebbero filosofare.

Questo mio dire non vuole essere un modo per filosofeggiare, ma invito a riflettere sul fatto che tanti nostri comportamenti, anche nel quotidiano, sono un' espressione della nostra cultura e del nostro pensiero.

Come un proverbio popolare che esprime le esperienze coincidenti nelle persone e accumulate nel tempo.

Questa per me è "filosofia di vita".

Filosofia deriva dal greco è significa amore per la sapienza, e proprio questo amore è stato il propulsore per il cambiamento e la mia crescita personale.

Infatti, posso dire che ho studiato e letto molto di più, da quando ho terminato gli studi scolastici.

Si sono accesi stimoli che prima non avevo.

Premetto che inizialmente la fame di sapere non era fine a se stessa ma era legata al raggiungimento di un obiettivo economico che mi ero prefissato.

Così, inizialmente dopo la scuola, le mie letture erano tutte improntate al prosieguo teorico di quella che era la formazione pratica sul campo, cioè per strada tra la gente. Iniziavo, così, la costruzione della mia biblioteca "monotematica" che spaziava dalla psicologia della vendita e del comportamento, al marketing, dalla gestione delle risorse umane (adesso si parla di valorizzazione), a tutte le discipline tecniche che sarebbero servite nella formazione immobiliare.

Comunque in questi anni ho filosofato ma in maniera meno cosciente.

L' inizio e l' approccio alla filosofia l'ho avuto con la lettura di un libro del "maestro" Luciano De

Crescenzo, però con uno dei suoi vecchi "Album", e in quel momento c'è stata la scoperta di un approccio al filosofare con la quotidianità e le azioni che tutti compiamo.

Il libro si compone di nove capitoli, e i racconti alla base di ogni capitolo prendono spunto anche da esperienze che esulano il lavoro, perché la vita scorre in tutti i suoi aspetti in una maniera univoca. Quelli con tematiche di vendita, talvolta presi, sono perlopiù metafore delle azioni del nostro vissuto, col solo scopo di interrogarsi sulle dinamiche del pensiero sviluppato.

"C'è un solo bene: il sapere. E un solo male: l'ignoranza." Socrate

Capitolo 1

Non siamo nati tutti Venditori...
"Si te rong 10000 lirè in manò nun si capacè e' ma' vende' ppe 5000 lirè".

Venditore si nasce o si diventa?
Sul quesito ci sono stati molti dibattiti, molte "chiacchiere", fatte anche da tanti che della parola vendita sanno solo il significato letterale.

Il primo pensiero che mi viene, pensando alla figura del venditore è quella dell' "atleta", in particolare a quella di un velocista che deve tagliare il traguardo. Anche io corro per mantenermi in forma, ciononostante non potrò mai gareggiare con M. Bolt.

Non si tratta solo di allenamento, ma di un dono che per volontà di madrenatura, o di un Dio maggiore o ancora per la lotteria genetica, ha fatto si che il campione, sempre con la giusta determinazione, e una buona dose del fattore "C" lo portasse al successo.

Se io mi trovassi su un' isola e gli unici atleti sarebbero degli ultraottantenni, allenandomi avrei sicure probabilità di vincere una medaglia, anche d'oro.

Con questa riflessione, non voglio affermare che venditore si nasce, deluderei meschinamente il dibattito dei "professori".

Allora, si nasce o si diventa venditore?
Si potrebbe vedere vincente l' una o l'altra tesi in funzione del momento, del contesto economico, sociale e

culturale in relazione ad una massa di soggetti. Un venditore degli anni '60 non si potrà comparare con uno di oggi, come un agente immobiliare di San Giorgio a Cremano non si potrà comparare con uno di New York.

La questione per me è che va analizzata la natura del singolo prima, poi le altre condizioni esterne per un confronto globale e di conoscenza non limitata, anche se poi le considero sempre e solo ipotesi e mai certezze.

L' esempio di San Giorgio a Cremano, un paese della cinta Vesuviana in provincia di Napoli, (il paese di Massimo Troisi, solo per citare uno dei cittadini più conosciuti e di recente lustro) non è un caso, è semplicemente il paese dove sono cresciuto.

Si perchè, oltre alla formazione teorica, quella di vita pratica e reale che si fa a Napoli, non ha eguali. Tale affermazione, non vuole essere un atto denigratorio, e nemmeno un atto di presunzione nei confronti della mia amata terra natia.

La questione è che in *un'analisi del singolo*, alcune doti necessarie per un venditore quali il **Buonsenso** , lo **Spirito d'adattamento rapido**, **l'intuito pronto**, la **capacità di autocontrollo** a Napoli, anche se non fai il venditore, sono doti che devi sviluppare.

La mia attività e formazione in ambito immobiliare è iniziata in un' agenzia immobiliare del centro di Napoli nel 1995. Quando iniziai a lavorare nell'agenzia, entrarono contemporaneamente altri due ragazzi come collaboratori. Tutti e due il mese dopo erano già "fuori" dall' agenzia, e sostituiti da altri due, perché non avevano rispettato l' "obiettivo".

Forse uno dei due, spostato nel tempo e fuori da quel contesto sarebbe potuto diventare un agente immobiliare, come ne ho conosciuti negli anni avvenire in altre città. In questo caso, facendo un'analisi macro, non ha aiutato sicuramente il contesto, dove il bisogno generale di un' occupazione, annienta le aspirazioni del singolo, creando un vortice caotico di negatività, dove si incontrano muri e dove il singolo ha più difficoltà ad emergere.

In breve, penso ad un titolo di un libro uscito recentemente, "Se Steve Jobs fosse nato a Napoli".

Specifico e definisco, anche per il prosieguo, che intendo "micro" le caratteristiche del SINGOLO e più precisamente dell' "io", della propria indole, e "macro" del CONTESTO e della società che si vive.

Da anni non esercito più l'attività a Napoli, e qualche piccola differenza c'è rispetto al passato. Confrontandomi con amici e colleghi di Napoli, riscontro un' omologazione dei comportamenti, con colleghi di altre città.

Sicuramente anche a Napoli adesso non si liquiderà più un collaboratore con la seguente espressione:

"Si te rong 10000 lirè in manò nun si capacè e' ma' vende' ppe 5000 lirè" traduco:

"Se ti do 10000 lire in mano, non sei capace di vendermela per 5000 lire". Quando ho sentito liquidare un collaboratore in questo modo per un errore che aveva commesso, stavamo ancora con le lire, e penso che sia la peggiore offesa che un aspirante venditore o venditore possa ricevere. Un modo per dire in una maniera poco ortodossa di cambiare "mestiere".

Però, tale espressione, nella sua sostanza di pensiero, per me è una summa filosofica. Cosa c'è di più vendibile dello stesso denaro?

Analizzando il comportamento, però, quale giustificazione poteva trovare tale mancanza di tatto del titolare dell' agenzia nei confronti del collaboratore neofita?

Forse la convinzione che bastava rimettere un annuncio di ricerca di un collaboratore, per innescare una fila fuori il proprio ufficio. Una fila di aspiranti venditori, ma anche di disperati in cerca di un impiego.

DOMANDA PER GLI ADDETTI AI LAVORI:

Perché oggi in una condizione poco cambiata sotto il profilo economico se non peggiorata, c'è comunque una difficoltà maggiore nel recruiting e selezione del personale addetto alla vendita rispetto al passato?

Forse, il problema è che ad una mancanza crescente di autoanalisi del singolo, c'è stato un decadimento culturale, motivazionale del contesto socio-economico che ha ulteriormente impoverito e screditato la "figura del venditore".

Molte volte l' approccio alla vendita avviene in maniera frettolosa e sconsolata, come ripiego per la mancanza di un posto fisso, non con il rispetto di un' attività unica, con la volontà di provare e vincere una sfida con se stessi.

Non avrei mai immaginato che il mio professore di ragioneria mi dicesse: "Correggiti il compito", eppure è successo a mia nipote. Altro che filosofare, si rischia di impazzire, correggo da solo il compito che ho fatto io!!!!!

Questo è un eccesso del decadimento culturale e sociale, ma è sempre più evidente la condizione di dare poca importanza all' insegnamento e alla formazione.

Nella frequentazione dei tanti corsi svolti nella mia attività, quando si incontravano relatori che "teoricamente" erano bravi a dimostrare, circolava una massima che diceva:

"Chi può fa, chi non può insegna". Per fermare questa barca alla deriva penso proprio che bisogna cambiare la regola, "insegna chi può fare".

Dobbiamo mettere uno stop alla mediocrità' che ha invaso tutti i settori, e ciò può avvenire solo ricercando l' *entusiasmo e la vera passione*, in tutto quello che si vuole fare.

Per un venditore più che mai!

L' entusiasmo è stato alla base del mio percorso di

vendita.

Specifico, che da bambino, il venditore, non era nei sogni di quello che volevo fare da grande. Ho intrapreso il mio percorso di venditore, lasciando lo studio del ragioniere dove facevo praticantato, semplicemente perché non sopportavo più di passare tutta la giornata guardando continuamente l'orologio.

Accettai di intraprendere un' altra attività, quella di agente immobiliare, che mi fu proposta dal mio amico Gianni, tuttora socio, nonostante una condizione remunerativa iniziale incerta.

L' unica certezza era quella di fare qualcosa che mi facesse *divertire*, che non mi facesse guardare continuamente l' orologio. Divertendomi avrei avuto la forza di superare qualsiasi ostacolo.

Penso ad una citazione di Hegel che dice:

"Nel mondo nulla di grande è stato fatto senza passione",

A questo punto volendo sintetizzare concludo dicendo che per me "VENDITORE SI NASCE E SI DIVENTA"

Con questa conclusione, potrei apparire banale. Ho parlato prima di *caratteristiche intrinseche*, come il dono che riceve l' atleta, poi del *Contesto*, e infine delle *leve dell' entusiasmo e della passione* che servono per fare grandi cose. La questione per me e che non si possono separare l' analisi **"micro"** da quelle **"macro"** .

"L' entusiasmo è per la vita quello che la fame è per il cibo" Bertrand Russell

Capitolo 2

Conquistare la fiducia in se stessi
"La via del fare è l' essere" Lao Tzu

Cos' è la fiducia in se stessi?

Ponendomi questa domanda, sono andato *"nel pallone"*, troppi pensieri fuoriuscivano dalla mia mente, ad una velocità pazzesca, non riuscendo a bloccarne nemmeno uno.

E' come il respiro per vivere, per me è la linfa necessaria per far germogliare le virtù, nella creazione e formazione dell' essere.

Pensando alla fiducia in se stessi, mi pongo un ' infinità di domande: Come si può sedurre senza avere fiducia in se stessi?, Come si può vincere una sfida?, Come si può essere leader?,

Come si può vivere?

Ecco, potremmo dire che per stare bene, per riuscire non solo nel lavoro, ma nella vita, occorre avere fiducia in se stessi.

E allora la fiducia in sé stessi è una dote innata o la si può trovare?

La buona notizia potrebbe essere che la fiducia in se stessi la si può trovare, migliorare e consolidare.

Quindi la fiducia in se, è un qualcosa che si può costruire. Questo però significa anche che la si può perdere, e che il **Contesto** potrà incidere in maniera determinante sia sui *Valori,* che nella ricerca e nel miglioramento.

Quando parlo di Contesto, mi riferisco a tutti quei fattori come la famiglia, la scuola, le amicizie, ed in partolar modo la società in tutte le sue forme, che sono anche i fautori di un "**modello culturale**".

Il *"modello culturale"* formatosi nel sud dell' Italia post unitaria, fa germogliare virtù imprenditoriali? La "questione meridionale" nata e creata da quell' "unità", quanto contribuisce nei *Valori del Contesto* alla consequenziale perdita di fiducia? Sicuramente non è d'aiuto e rappresenta un ulteriore ostacolo per l' individuo e di riflesso per la Collettività.

Molte volte, si confonde la fiducia in sé, con forme di fanatismo, di identificazione nel gruppo.

Mi spiego meglio, se uno è timido, ma all' interno di un *"gruppo"* si trasforma e si esibisce in quello che non è, non risolve il problema con se stesso, anzi potrà solo aumentare nel tempo. Durante il servizio di leva, mi ricordo di un ragazzo sottotenente, che odiava la divisa, ma non aveva il coraggio di dire al padre, che era un colonnello, di avere altre aspirazioni. Dopo un pò s'è quasi bruciato il cervello! A dispetto di qualche suo collega che avrebbe fatto "carte false" per stare al suo posto.

Per me la vera fiducia in se, si basa sul conoscere se stessi, quindi si può conoscere se stesso solo esplorando la propria indole, capendo i propri bisogni, le proprie aspirazioni e priorità. I sogni devono uscire dal cassetto.

Quindi bisogna essere se stessi, senza scimmiottare gli altri, ognuno avrà il suo percorso e dovrà valorizzare le proprie caratteristiche, per cercare e sentire il proprio valore a prescindere, pensando solo a migliorarsi. Bisogna essere onesti con le proprie intenzioni e addestrarsi al miglioramento, cercando di aumentare il proprio valore e la propria autostima.

Anzi aggiungo che il miglior risultato si ha quando si aiuta qualcun altro a crescere e a valorizzare la propria autostima, perché l'appagamento raggiunge l' animo, ed è per questo che è più duraturo.

C'è più fierezza nel salvare un' altra vita o la propria?

Con ciò non mi fraintendete, non sto dicendo che il raggiungimento di qualsiasi obiettivo non alimenti l' autostima, ma in oltre 15 anni di attività pensando ad una cosa che mi ha fatto crescere enormemente, penso sempre alla stessa cosa.

Era l' autunno dell' anno 1996 e fui assunto come coordinatore di un piccolo gruppo immobiliare. All' interno del gruppo c'era un' agenzia, che aveva aperto da quasi un anno e non aveva fatturato nulla. Ricevetti l'incarico di stare lì un mese, per valutare ed indirizzare il percorso lavorativo.

Appena arrivato iniziai le verifiche, mi venne un attimo di smarrimento e panico. L' agenzia era stata aperta da due coniugi, senza esperienza. Lui era custode di alcuni residence, ma svolgeva anche lavori edili, ed aveva pensato bene di catapultare la moglie casalinga a tempo pieno da ben vent' anni, in quell'avventura. Praticamente la figura trainante per il futuro dell' agenzia era proprio la moglie. La cosa più difficile era l'autostima, a livelli prossimi allo "o". Vincemmo insieme la sfida riuscendo a chiudere la prima trattativa di vendita in quel mese.

La mia soddisfazione più grande è stata quella di vedere una persona che riesce a credere nelle proprie potenzialità, liberandosi dai sensi di colpa che la tormentavano nel deludere il marito.

La cosa importante è non fingere con se stessi, e di fingere di essere qualcun altro. Il fatto che si interpreta un personaggio che non corrisponde a se stessi, non valorizza il proprio essere.

Quando non si è se stessi ci si reprime, si reprimono i propri bisogni reali, non si potrà avere fiducia in sé, e la brutta recita che si sta interpretando non farà altro che far perdere ulteriormente la propria autostima. Mi fermo, perché potrei apparire un predicatore lagnoso e ripetitivo.

Ma i pensieri, corrono comunque, e mi viene in mente una scena nella "Smorfia" di Massimo Trosi, quando si rivolge a "Dio" dicendogli che è stato un pò frettoloso e spaccone nella concezione del mondo e dell'uomo.

Potreste chiedervi cosa c'entra?

Il problema per me è che l'essere umano nasce e resta imperfetto nella sua essenza profonda e spirituale, dove la Nostra crescita ma anche il Nostro malessere sta proprio nella ricerca *infinita e indefinita*. Partendo da questo, penso che un pò di meditazione e riflessione in più, sicuramente non fa male.

LA CONTINUA RICERCA DEGLI OBIETTIVI E IL MIO PERCORSO INVERSO.

Dopo la scuola e il servizio di leva, la mia prima aspirazione era quella di arrivare ad un' indipendenza economica, svolgendo un lavoro autonomo, pur partendo da una situazione economica familiare non idilliaca. Tale condizione non era certo d'aiuto per superare le difficoltà dell' attività che stavo per intraprendere e mantenere alta la mia autostima. Ma si dice che *"Volere è Potere"*. Superate le prime difficoltà e raggiunto gli obiettivi prefissati, subentravano altre mancanze e vuoti da colmare. Poi, negli ultimi anni dopo le conquiste economiche, si sono avvicendati altri *"vuoti"*, inizialmente meno comprensibili, che andavano contro il mio modo di fare e di vivere.

Avevo un *"BISOGNO INVERSO"*, il bisogno di perdere tempo o meglio di oziare, di non correre pensando al budget, anzi di correre veramente in riva al mare, di andare in bici nel parco senza orologio, di stare fermo per ore a pescare in barca, inimmaginabile per me poco tempo prima. Non so dirvi con precisione, quale sia stata la molla che abbia fatto scattare un tale bisogno, me lo sono chiesto più volte. Ho pensato ai miei figli che crescono, forse al maggior tempo che avrei voluto dedicare loro in certi momenti, nell' aver visto per qualche istante la morte o forse, alla mancanza di una vera libertà nel momento in cui c'era un limite dell' utilizzo del proprio tempo. Un tempo anche per *OZIARE E PENSARE*.

Sembrerà sicuramente strano, ma per me è stata più difficile questa sfida che le precedenti.

Qualche amico di vecchia data, avrà pensato:

"Beato lui si vede che non ha pensieri";

"Qualcun altro avrà pensato vedendomi, che fossi depresso o con problemi familiari latenti".

Non era niente di tutto ciò, solo un' altra sfida che andava in un ***"PERCORSO INVERSO"***, rispetto a quelle tradizionali. Sicuramente le sfide non sono finite, è forse già ne intravedo una all' orizzonte, ma al momento non ci voglio pensare, voglio solo gustarmi il tempo che sto dedicando per scrivere questo libro.

"L' essere è, il non essere non è, pensare ed essere sono la stessa cosa"   Parmenide

Capitolo 3

La cultura generale e' formazione!

"C'è un' ignoranza da analfabeti e un'ignoranza da dottori"   Micheal De Montaigne

Non pensate che dia suggerimenti per affrontare un approccio con un cliente, o le basi *teoriche* per fare una trattativa, gli scaffali ne sono pieni, quindi lo trovo inopportuno, spero solo che quello che Vi sto per dire possa accendere una piccola luce per valutare il proprio status quo,   cercando anche un *PERCORSO INVERSO* per un miglioramento personale e contestuale.

Questo capitolo l' ho riformulato varie volte, alla fine data la vastità dell' argomento ho scelto di affrontarlo con questa sequenza logica partendo con la citazione suddetta di Micheal De Montaigne, dettato più dalla coincidenza di un episodio.

Recentemente io e la mia famiglia siamo andati a trovare degli amici per la nascita del loro secondogenito, a distanza di 10 anni dal primo. I nostri amici, erano già impegnati con un ospite, la mamma di un amichetto di scuola del primogenito. Entrando nella sala, dove si trovavano a conversare animatamente, ci resero subito partecipi di un dibattito che c' era tra loro.

La scuola del primogenito, aveva organizzato una recita per Natale. I 2 bambini avevano avuto un ruolo nella recita, ma l' amichetto non ne voleva proprio sapere di recitare. La mamma sosteneva che era poco educativo forzare la volontà del figlio, su qualcosa di secondario al programma scolastico, ironizzando che il figlio avrebbe perso l'occasione di fare l'attore.

Istantaneamente, tornai indietro nel tempo, ricordandomi una recita che organizzò la mia maestra elementare, e la parte che dovevo recitare. Anche io non volevo recitare, per problemi di timidezza. Mi ricordo che la maestra chiese aiuto a mia madre per aiutarla nell' impresa e raccomandandola di farmi esercitare per la parte, davanti allo specchio. Preciso che mia madre ha appena la quinta elementare, ma forse proprio il Suo status, la poneva in una condizione di estrema attenzione d'ascolto della mia insegnante. Così si mise come un vigile a controllare che facessi il compito richiesto, precludendo la mia libertà di scendere con gli amici a giocare *"a pallone in strada"*, al buon esito del compito da svolgere.

La recita andò bene, e da quel giorno ho perso una buona parte della timidezza che avevo.

Vista col senno del "poi", quella recita può essere che abbia contribuito e non poco "all'iniziazione formativa" del mio percorso di futuro venditore.

Ecco per me una materia come *Recitazione* dovrebbe stare come materia obbligatoria nei programmi scolastici per preparare i giovani ad esercitarsi per quel grande palcoscenico che è la vita, dove obbligatoriamente recitiamo tutti. La differenza sta nel modo e nella sostanza, c'è chi lo fa con gusto, e chi lo fa con apatia, aspettando solo la chiusura delle tende.

Non mi prolungo sul dibattito e sulle risposte, lasciandovi immaginare quali siano state.

Eppure l'ospite è una donna laureata, e volendo prendere la massima filosofica di M. De Montaigne, trovo comunque difficile liquidare il problema solo con "un' ignoranza da dottori". Ecco, in questa circostanza, io intravedo problemi sia di natura *"**micro**"* che *"**macro**"*.

Perché *"micro"*?

Perché l'individuo tende ad omologarsi, reprimendo e non valorizzando la propria indole e le proprie caratteristiche, uniformando il pensiero, che tende ad essere schematizzato, con una difficoltà sempre maggiore di svolgere un' analisi indipendente, più profonda di ciò che appare, e non ricercando dubbi alle proprie certezze.

Perché *"macro"*?

Perché in questo caso appena raccontato, l' Ospite avendo un impiego a tempo pieno, vive la condizione del disagio per il poco tempo dedicato al figlio, riguardandosi bene da comportamenti, che possono appannare gli occhi del figlio da quella visione di "angelo protettore".

Tali comportamenti, produrranno un effetto negativo sulla valorizzazione dell' "io" del bambino.

Come avrete potuto intuire, e come potrete verificare nel prosieguo, io pongo tanta attenzione e importanza al *"modello culturale"* e quindi a tutti gli elementi e fattori che formano tale modello, iniziando dalla scuola e la famiglia, per finire alla politica.

Perché? Perché è il generatore dei *Valori del* CONTESTO.

Inizialmente, questa attenzione è avvenuta solo per le difficoltà incontrate nella selezione e ricerca del personale. Era una pura constatazione, e mi rendevo conto col passare del tempo, di un peggioramento sempre maggiore del livello scolastico. Al punto di verificare una maggiore frequenza di errori grammaticali di livello da scuola elementare, fatti dai candidati. Un' altra constatazione era di vedere nei giovani, un' omologazione ad uno standard di pensiero scadente.

Oggi, il mio sentimento prevalente è l'ansia, la paura per la degenerazione che questa può provocare. L'ansia, forse è dettata dalla condizione di avere bambini piccoli, sapendo come una superficialità dominante può deviare la forma mentis e questa consequenzialmente le proprie azioni.

Ma se è una condizione diffusa, quanta colpa hanno i giovani?

Mi si potrebbe obiettare per chi mi conosce da ragazzo, che forse neppure io ero uno studente modello. Un anno sono stato respinto con (sei) in condotta. Quindi si potrebbe chiedere, quale grande cambiamento poi, sia avvenuto in questo ventennio? Di cosa mi lamento? Allora lo posso imputare ad un processo di maturazione e "saggezza" della mia persona?

Rispondo con una risposta non mia, ma del mio preside di quando ho frequentato l'istituto superiore, che incontrai a Napoli, sette o forse otto anni fa, durante una visita ai miei genitori. Dopo averlo salutato, gli chiesi come stava e se a scuola si stava meglio senza di *"Noi"* (inteso nella mia presenza e di un altro gruppetto di amici).

Risposta: "Ahh Canistro, adesso me ne sono andato in pensione, non ne potevo più. C'è stato sempre e solo un peggioramento continuo. Magari ci fossero ragazzi come Voi, eravate tosti, ma non scostumati come questi. Con Voi potevo avere una discussione, con questi adesso io mi sento più vuoto e indifferente di loro. Il problema poi non è solo con i ragazzi, ma coi loro genitori e forse anche con gli insegnanti...".

Potrei apparire demagogico, e sicuramente non è questo l'obiettivo. La mia vuole essere un'esortazione a riflettere sulle nostre azioni, su cosa possono provocare nel tempo. La mia università è stata la strada, ma non toglie il merito e il valore del fondamento nello studio. Grazie allo studio e ad un'insaziabile fame per la conoscenza, il mio percorso in *"strada"*, è sfociato in un percorso imprenditoriale sano. Ho avuto la fortuna di avere una passione per il sapere, e di portarla sempre con me. Grazie allo studio, la Ragione col tempo ha preso sempre più il sopravvento, divenendo lo strumento "Equilibratore" nelle scelte, addomesticando sempre più l'istinto, riuscendo così a trasformare i pericoli della

Strada in esperienze che hanno arricchito in senso positivo il mio percorso. Perché la "strada" fine a se stessa , il più delle volte rischia di farti inciampare, e non farti più rialzare. Invece, grazie a questa consapevolezza e amore per la conoscenza, sono riuscito a dirottare lo studio, presso le materie di mio interesse e che erano da supporto per la mia futura attività. Infatti, anche quando stavo a scuola, ero capace di non studiare la lezione per il giorno dopo, e magari dedicare un pomeriggio intero allo studio di un qualcosa che mi aveva incuriosito.

Il problema lo individuo anche nel *"modello culturale"* proposto, che è volto allo *specifico* e non al *generale,* e questo non aiuta la comprensione e la soluzione dei problemi. Oggi, posso valutare tanti errori commessi, che all' epoca imputavo solo esclusivamente ai miei insegnanti, e invece la degenerazione era sicuramente già in corso d'opera. Ho sentito tante persone, che dopo anni, hanno avuto il rimpianto per aver commesso errori, tra cui quello di non aver studiato. Ma il problema vero, si pone quando ci sono errori che non si possono riparare, o scelte che hanno pregiudicato la tua vita.

Ponendo alla base della formazione in maniera concreta e reale la valorizzazione dell' individuo, dovremmo accettare e condividere un cambiamento radicale da parte di tutti gli attori che entrano in gioco nella formazione dell' individuo.

Penso spesso ad una citazione filosofica di

Socrate, "il vero sapiente è colui che sa di non sapere", questo dovrebbe essere il principio alla base del rapporto insegnante/allievo, e non solo.

Bisogna porre i dubbi alle certezze, cercare le condizioni di migliorarsi, per abbattere una superficialità crescente che serve solo ad alimentare caos e insicurezza, permettendo così di far abboccare meglio alle certezze che ci vengono propinate.

"A vecchia a nuvant' anne nun s'era imparàt ancora"

Capitolo 4
Etica e convenienza
"Ppe nuje nun vai bbuone pecchè nun tiene 'a patènt è mariuolo"

Ho iniziato a scrivere questo capitolo il 5 Ottobre del 2012, e guarda caso l' argomento che sto per trattare coincide con un momento di grande *bagarre*, per un evidente senso comune di mancanza di etica nella politica, vista anche la condizione di crisi economica che versa il nostro Paese.

Ma qual' è lo stupore? Cos'è cambiato?

Mi ricordo di una vicenda che mi è stata raccontata da un amico una decina d' anni fa. Questo amico lavorava su uno studio legale in provincia di Napoli, e il suo Titolare Carlo, aveva una passione per la politica, ed era consigliere comunale di un paesino nella provincia di Napoli. Si stavano avvicinando le elezioni per rieleggere il sindaco, e lui stava pensando di candidarsi con una sua lista indipendente, dato che il partito dove aveva militato per anni e dove era stato eletto precedentemente come consigliere era stato travolto e spazzato via da tangentopoli. Anche se era conosciuto come persona e famiglia stimata nel paese, cercava comunque l' appoggio dei vecchi militanti politici.

Un giorno fu fissata una riunione nel suo studio

dove il mio amico lavorava, per cercare di coinvolgere questi vecchi militanti ad appoggiarlo. Il mio amico, pur volendo adire all' undicesimo comandamento *"fatti i fatti tuoi"*, avendo la sua postazione in una stanzetta comunicante con la sala riunioni, era li ad ascoltare tutto. Certe cose lasciano un sapore diverso quando le vivi, rispetto a quello che puoi immaginare. Non ci fu un punto del programma politico che fu discusso, l' unica discussione era la spartizione delle cariche e delle poltrone. Il suo titolare, cercava di mediare tra quella che era la sua passione e l' esigenza famelica dei *"commensali"*, e proprio mentre cercava di conciliare e trovare il giusto compromesso, uno dei militanti più autorevoli si alzò dichiarando apertamente che non poteva appoggiare la sua candidatura a sindaco, liquidandolo con la seguente frase:

" no Carlù, tu ppe nuje nun vai bbuone pecchè nun tiene 'a patènt è mariuolo".

" no Carlo, tu per noi non vai bene perché non hai la patente di ladro".

Allora, ripeto, perché tanto clamore?

Sarà per la crisi, per i sacrifici che si chiedono, o forse il fastidio è per la frustrazione di non poter avere gli stessi benefici, di non essere invitati a sedersi al tavolo con gli altri *commensali*?

Se Vi sentite estranei a quello che ho detto, mi auguro che il vostro pensiero critico sia stato fatto dopo una giusta introspezione e un' amorevole e assoluta capacità di tolleranza, altrimenti posso solo rispondere con una citazione di Gandhi:

"Se pensi che tutto il mondo sia sbagliato ricordati che contiene esseri come te".

Questa citazione che mi permetto di usare, la trovo opportuna, visto che dilaga *il solo pensiero di criticare gli altri.*

Gandhi ha vinto praticando la non violenza, e dopo quello che ha subito, ha mostrato un coraggio superiore.

Il problema va affrontato in profondità, cercando la radice che possa toccare le *COSCIENZE.* Per me la degenerazione morale trova il suo maggior alleato nella mancanza di educare l'individuo a riflettere e meditare. La morale si costruisce col proprio pensiero, considerando poi che il problema *"micro"* del Singolo può generare un problema "macro" *n volte superiore nella Collettività.*

La rivoluzione deve cominciare non con teorie e ideologie ma con una radicale trasformazione nella nostra mente e nel nostro pensiero e più propriamente nel nostro modo di pensare.

"Sii il cambiamento che vuoi vedere avvenire nel mondo" Gandhi

CONVENIENZA

L'occasione fa l' uomo ladro?, o l'uomo ladro
vuole l'occasione?

Spesso l' etica e la convenienza sono trattati come
due aspetti autonomi. La stretta relazione che trovo tra le
due invece, mi ha portato a trattarle in un unico capitolo.

L' *etica* l'associo alla *convenienza*, perché per me
quest' ultima è un valore determinante dell' etica stessa.

Specifico che intendo **convenienza** quella molla
soggettiva data dai valori del singolo che spinge
l'individuo all' azione, ma che viene costruita
oggettivamente.

Preciso meglio il concetto con delle domande e
degli esempi.

Perché c'è più corruzione accertata e percepita nel
nostro Paese che in un paese del Nord Europa?

Possiamo dire che c'è un valore della *convenienza*
nell' agire nostro, diverso da un cittadino nord-europeo?

Eppure entrambi i cittadini dei diversi paesi
potrebbero concordare palesemente che la corruzione,
genera una miriade di problemi, che vanno da un
aggravio dei costi per tutti i cittadini, alla mancanza di
opportunità delle generazioni future.

La corruzione, però, si alimenta in una società,
dove c'è una indifferenza da parte di tutti. Ma la società
siamo noi.

Quindi, anche se in maniera diversa, possiamo dire di essere tutti complici, dove ognuno s'è limitato a guardare il proprio orticello, dove l' immediatezza di una miope convenienza del singolo, ha danneggiato la collettività che poi, come un boomerang, danneggerà il singolo.

Riprendendo le regole che Popper fissa per la democrazia, penso che ci sia rimasto ben poco di democratico, proprio perché il modello di Valori nella costruzione di una *convenienza per l' individuo e che si trasmette alla collettività sono stati rimodellati e reinterpretati, creando una confusione tale da equivocare gli stessi principi democratici.*

Altro esempio di contraddizione, restando sullo stesso tema della corruzione, mi viene pensando all' istituto della famiglia, da Noi è un ' istituto forte, è stato un pilastro per la costruzione della nostra Società. Rispetto alla condizione famiglia del Nord Europa, *noi ci sentiamo più genitori, per noi "i figli so' piez 'e core"!,* poi però le nostre azioni dicono il contrario. Infatti non pensiamo a ciò che la corruzione genererà nei nostri figli.

C'è una palese contraddizione tra il "dire" e il "fare", ma come diceva lo stesso Gandhi e prima ancora altri filosofi alla fine la persona è l'immagine dei suoi pensieri

Questo potrebbe valere per un manager di un' azienda che compie azioni, che vanno nella direzione opposta alla propaganda di sviluppo.

Allora, se la CONVENIENZA, è uno dei motori delle nostre azioni individuali e collettive ed è modellata dal nostro PENSIERO, mi chiedo, siamo sicuri di sviluppare in autonomia il nostro pensiero e di ricercarne la profondità?, Oltretutto dove c'è anche un evidente contraddizione con le proprie azioni.

Ecco perché si deve filosofare, la filosofia essendo una disciplina priva di servitù è sicuramente d' aiuto a rendere più chiare le idee.

"Quando in una strada solitaria l'auto si arresta spontaneamente, il conducente, che non è un buon meccanico, si sente perduto e darebbe qualsiasi cosa per sapere cos' ha l' automobile dal punto di vista meccanico. Ma, a volte, resta in panne la nostra vita intera, perché tutte le convinzioni fondamentali sono diventate problematiche, di qui l' assoluta necessità di salvarsi, di costruire un essere più sicuro. Allora si ritorna alla filosofia"   *Ortega y Gasset*

Capitolo 5
Le scelte e il caso

"La vita si può capire solo all'indietro ma si vive in avanti" Sò'ren Kierkegaard

Le nostre scelte sono frutto dei Sentimenti, della Ragione, e di tutti quegli elementi che entrano in gioco nell'essere umano in un determinato tempo.

Io definisco L'ESPERIENZA e IL TEMPO in sinergia col CASO, elementi cardini nelle scelte dell'individuo. Utilizzo questi tre elementi non nella loro condizione più pura del termine, ma in un significato più filosofico del termine, una sorta di macrocategorie dove si possono raggruppare e aggregare vari elementi.

Es.: Gli elementi Etica e Convenienza li faccio entrare nella macrocategoria ESPERIENZA.

Specifico in maniera sintetica, per una maggiore comprensione, il significato che attribuisco ai tre elementi ESPERIENZA, TEMPO e CASO.

L'ESPERIENZA è usata come fusione degli elementi ***micro*** e ***macro*** precedentemente descritti.

Il TEMPO dato come condizione di misura che rende unica l'ESPERIENZA e il CASO. Con l'avvenimento che Vi racconterò di seguito potrò meglio delucidare il concetto.

Il CASO è la condizione generale non visibile, è l' elemento *imprevisto* e inteso anche come conseguenze non viste, merito di nostre azioni.   Faccio un esempio per specificare meglio le conseguenze non viste. Prendo un esempio formulato da Taleb nel libro (il cigno nero), se si fosse previsto l' attacco terroristico dell' 11 settembre 2001, l' attacco forse non sarebbe avvenuto. La zona delle torri gemelle sarebbe stata sorvolata da aerei da combattimento, le cabine di pilotaggio sarebbero state a prova di proiettile, e l' attentato non sarebbe avvenuto. Ecco le conseguenze non viste, merito di nostre azioni.

"CIO' CHE SI CONOSCE NON PUO' FARE DAVVERO MALE".

Il CASO è l' elemento dove mi soffermerò maggiormente, proprio perché è quello meno preso in considerazione.

In tanti corsi che ho fatto, non s'è mai affrontato l' imprevedibile, l' incerto, e questo perché si ha la presunzione di misurare l' incertezza, seguendo poi teorie che possono propinare certezze, forse perché disprezziamo tutto ciò che è astratto. Da quando ho letto Popper e Taleb, ho preso in prestito il termine "**cigno nero**" per indicare un evento raro e imprevedibile, con un impatto enorme. Ma il problema principale è che noi tendiamo a comportarci come se "il cigno nero" non esistesse, con l' illusione di pianificare e prevedere tutto.

In senso lato, il cigno nero, non deve intendersi un evento solo negativo. Il terremoto dell' Aquila, è stato un evento negativo per tante famiglie, ma per qualche impresa è stata l'occasione per fare grandi profitti. Il "cigno nero", è qualcosa che può cambiare la vita delle persone nel bene e nel male. Penso alla separazione familiare, che sta affrontando un agente immobiliare che conosco, dove tutto trova origine nei problemi economici causati dalla crisi che sta attraversando il settore immobiliare, e nel non aver previsto una crisi così forte e violenta.

Trovandomi alle prese con la parte del libro più complessa come argomentazione, ho cercato la maniera più semplice di esporre il mio pensiero, e spero di coinvolgere nelle riflessioni il lettore. Per questo, ho ritenuto opportuno iniziare con un caso relativo alla mia attività di agente immobiliare, per cercare di analizzare i tre elementi sopra menzionati, con un'attenzione particolare al CASO.

L' avvenimento che Vi racconterò di seguito non potrà far valutare "il cigno nero" nella sua complessità sociale e collettiva, ma guardando un avvenimento nel singolo individuo si potrà evidenziare meglio la nostra cecità al CASO.

Questo avvenimento che vi racconto, è un episodio che si è ripresentato per una seconda volta nella mia attività, con una condizione e una similità impressionante, sia per l' età dei soggetti, che per tutta la situazione nel suo complesso, ma con un epilogo completamente diverso. Quattro anni fa nel vendere un immobile, arrivando alla conclusione della trattativa con la relativa accettazione della proposta d'acquisto, ricevo una telefonata del venditore che mi chiede un appuntamento a casa per l'indomani.

Il venditore in questione era una donna anziana che poteva avere l'età di mia madre.

Arrivato a casa, mi riceve il marito, un anziano pensionato, con uno sguardo che non faceva presagire niente di buono. Mi fece strada e mi portò in cucina dove c'era la moglie seduta al tavolo sconvolta.

Nel salutarla, gli chiesi subito cos'era accaduto e così lei, che non aspettava altro, iniziò un monologo dicendo che, nella notte, era morto il fratello e si doveva allontanare per alcuni giorni.

Dopo un lungo giro di parole mi disse che non poteva più vendere casa.

Ci fu un attimo di pausa, che sembrò eterno, e in quel frangente rividi la stessa scena che mi si presentò all'incirca più di dieci anni prima, quando stavo ancora a Napoli, agli inizi della mia attività, e di quello che successe quando pronunciai la parola *"conseguenze"*. Così il mio silenzio fu accompagnato da un consenso col capo, che diede ulteriore linfa di sfogo alla mia cliente, facendole percepire uno sguardo sempre più coinvolto e penetrante nella comprensione del suo problema *"inesistente"*.

Alla fine me ne andai salutandola con un bacio sulla guancia, facendole percepire il mio stato di commozione con la presenza di qualche lacrima sul viso, mettendomi a sua completa disposizione per aiutarla, e rimandando il tutto ad un successivo appuntamento da farsi dopo alcuni giorni.

Al successivo appuntamento con la soluzione dei fantomatici problemi, feci emergere con calma i problemi reali che non venivano affrontati, che avevano motivato inizialmente la vendita e che si sarebbero presentati nel non vendere casa. Così dopo un po' me ne andai con la convinzione della mia cliente di rivendere casa, risolvendo così realmente dei problemi che aveva e non procurandone altri.

ATTENZIONE MANAGERONI!, Fermate subito i vostri pensieri. Aspettate un attimo, prima di teorizzare tutto, e propinare certezze.

Quest' episodio che ho raccontato non vuole essere un elogio del sottoscritto, all' acquisizione dell' esperienza, bensì è un semplice episodio, che per le sue caratteristiche si presta bene per un' analisi dell' ESPERIENZA E del TEMPO, quali elementi cardini nella movenza delle decisioni, con il sottofondo musicale del terzo elemento invisibile e determinante del CASO che accompagna le scelte nella nostra vita. Ecco, volendo iniziare dall' elemento TEMPO, per specificare meglio il concetto sopra espresso, L' avvenimento, s'è ripetuto nella mia attività per la seconda volta, dopo circa dieci anni, con una similità di condizioni impressionanti, ma comunque non potrà mai essere associato al precedente.

Perché se fossero coinvolte le stesse persone me compreso, e preciso anche se fossimo le stesse persone di dieci anni prima, non saremmo nello stesso momento. Con l' elemento TEMPO attribuisco una condizione di univocità dell' avvenimento.

Il fatto che l' avvenimento si sia ripresentato, poteva aiutare a fare meglio un' analisi dell' ESPERIENZA, sperando poi di poter fare meglio emergere il CASO.

Così, partendo dalla possibilità di fare un confronto col passato, per agevolare l' analisi micro e macro degli individui coinvolti, fissai una riunione con i miei collaboratori per valutare quello che era accaduto nella trattativa di vendita, e poter condividere e analizzare la mia esperienza. Tutto ciò mi portò ad una amara considerazione.

Tutti ebbero un approccio superficiale, confrontandolo con il precedente, sempre nella stessa maniera retrospettiva. Inoltre, tutti si soffermavano sui vari aspetti con un senso di certezza di quello che poi fosse accaduto.

Nessuno considerò quello che poteva essere sconosciuto nel racconto, e di tutto ciò che non fosse stato considerato. Questo, però mi aiutò a evidenziare meglio il CASO.

Io avevo raccontato la mia versione, e sintetizzato il racconto per quelli che potevano essere gli elementi principali per me, affinché ci sia stato quell' epilogo della storia. Avevo raccontato, del bacio sulla guancia nel salutarla, perché avevo avuto la sensazione che la cliente in quel momento avesse percepito con convinzione la mia propensione all' ascolto, quindi che io potessi esserle d'aiuto, e pertanto di potersi affidare.

Ma questa poteva essere una mia convinzione, poteva esserci stata qualsiasi condizione esterna determinante che non fosse stata valutata. Non avevo raccontato che successivamente, qualche mese dopo l' atto di vendita, seppi che in quei giorni precedenti la definitiva volontà di vendere della mia cliente, non avevano rinnovato il contratto di lavoro alla figlia, procurandole un problema nel pagamento di un prestito, con la conseguente ricaduta di tale problema sulla mia cliente aggravando ulteriormente la sua situazione finanziaria, e pertanto, tutto ciò aveva potuto contribuire indirettamente sulla definitiva decisione di vendere. Allora, forse, non il bacio, nella sua condizione di comprensione massima verso la mia cliente, ma la durezza delle argomentazioni sulle problematiche debitorie, e gli esempi delle disavventure di un altro cliente potevano essere state le leve definitive sulle motivazioni della mia cliente.

Ecco, perché ho valutato appositamente di raccontare questo avvenimento. Oltretutto facendo l' analisi di un evento con esito positivo, proprio perché non ragionando con l' imprevedibile, si tende a valorizzare maggiormente le proprie azioni in una condizione positiva, mentre tendenzialmente si cerca di imputare le cause all' imprevisto, con una visione retrospettiva, quando l'evento è negativo.

Quindi, a quali conclusioni possiamo arrivare? <u>A quella che l'unica certezza che possiamo avere, è di non "avere certezze"</u>. Solo questa condizione potrà migliorare il nostro processo di analisi, valorizzando PENSIERO e AZIONE.

"Il dubbio non è piacevole, ma la certezza è ridicola. Solo gli imbecilli sono sicuri di ciò che dicono" Voltaire

Una nota di chiarezza per la parola *"managerone"* che ho usato. Così letta, potrebbe apparire, un senso dispregiativo, per questo voglio chiarire perché ho utilizzato questo termine. Manager nel significato più puro della lingua italiana, dovrebbe essere associato alla parola dirigente. Il dirigente è colui che dirige un' impresa o parte di essa. Dirigere significa prendere decisioni, avere competenze, e un' autonomia parziale o totale per perseguire gli obiettivi prefissati.

Il problema è che ho conosciuto parecchie persone, che si presentano come "manager", forse perché fa moda, o perché nella nostra lingua il significato è più astratto rispetto alla parola dirigente, ma che non hanno ne le competenze e nemmeno le mansioni da dirigente.

Questo tipo di manager che definisco

"*managerone*", però, è anche quello che ha sempre maggiori certezze, e qualche cosa in più da dire, rispetto al fare degli altri. Il vero problema è che questa superficialità, ben rappresentata dal *managerone*, si sta diffondendo come un virus in un modo generalizzato di "*ESSERE*".

Ecco, perché, può capitare di vedere un avvocato fare la valutazione di un immobile.

Ma questa condizione è evidente anche fuori dal contesto lavorativo.

Così puoi vedere coppie che non hanno figli, che si sentono giudici di genitori, perché loro avrebbero avuto in una data circostanza un comportamento diverso col bambino. Un bambino che non hanno, e che nemmeno vogliono.

Corsi pre-matrimoniali di sacerdoti che non sono sposati.

Politici che guadagnano 20000 euro al mese che fanno la gara per apparire in pubblico per esternare la loro comprensione a chi è rimasto senza lavoro.

A questo si aggiunge, che anche nei manager e nelle persone capaci che ho conosciuto e che meritano tanto rispetto per le loro competenze e gli obiettivi raggiunti, vi è poca considerazione rispetto all' *IMPREVEDIBILE*.

Purtroppo, come dice Taleb, questo status quo, ci pone in una condizione di maggiore esposizione ai "*cigni neri*".

Uno dei nostri limiti deriva dall' eccessiva attenzione a ciò che sappiamo, mentre dovremmo porre attenzione a *"imparare ad imparare"*.

Si tratta di un' inversione logica che porterebbe ad una condizione di VALORE di ciò che non sappiamo. Tutti sanno che è più necessaria la prevenzione della cura, ma pochi premiano gli atti di prevenzione.

Chi è più degno di stima, chi è intervenuto prontamente in un disastro, o chi ha evitato il disastro?

Così potremmo iniziare un reale cambiamento nel modo di pensare e di agire. Ecco, allora che valuteremmo meglio l' origine e non solo le conseguenze delle azioni.

Gli esempi citati sono stati menzionati solo per una maggiore chiarezza del pensiero espresso, ma lo ripeto fino ad apparire noioso e ripetitivo che lo scopo prefissato, in questo capitolo e nel libro, è quello di filosofare, di non fermarsi all' apparenza, ma di scovare, cercare il dubbio alla certezza, di riflettere, per arricchire e confutare con autonomia il proprio pensiero, perché così si arricchisce anche l'azione.

"La causa principale dei problemi è che al mondo d'oggi gli stupidi sono strasicuri, mentre gli intelligenti sono pieni di dubbi".
Bertrand Russell

Capitolo 6
Pensare e agire

"Il corpo è pensiero, la vita è pensiero, il sesso è pensiero. Voi siete pensiero e pensiero è quello che voi siete". Jiddu Krishnamurti

Nel precedente capitolo ho parlato di come il CASO, l'imprevedibile sia sottovalutato nella nostra vita. In questo capitolo mi soffermerò a considerare quelle che per me sono le cause degeneranti di questa cecità al CASO, derivanti dal nostro modo di **_Pensare e Agire_**.

Il nostro modo di pensare e agire, va nella direzione opposta alla complessità e globalità della società in cui viviamo. E questo potrà solo alimentare un numero crescente di *"cigni neri"*, perché lì dove sono anche dei banalissimi cigni bianchi, approcciandoci con uno sguardo miope, non li vedremo.

Come la crisi finanziaria e poi economica che stiamo vivendo, un banalissimo cigno bianco, trasformatosi in un mostruoso cigno nero, e tutto ciò non farà altro che aggravare le condizione dell' IMPREVEDIBILE. Le cause di questa situazione per me sono riconducibili a due ordini di fattori principali:

- Gli ERRORI LOGICI, alcuni connaturati alla nostra natura umana;

- e la FORMA MENTIS condizionata dai VALORI

del Contesto, che poi a sua volta può generare e/o modificare ERRORI LOGICI.

GLI ERRORI LOGICI
"La logica è l'anatomia del pensiero" John Locke

Perché non riusciamo a vedere la complessità?

Per me una delle problematiche è legata proprio agli errori logici. Ecco per me tre errori logici di fondamentale importanza: *la fallacia narrativa, la semplificazione, e la ricerca di prove per confermare e non per confutare.*

Un errore logico a cui attribuisco una notevole importanza, che fonda la base del potere mediatico, è quella che Taleb definisce "**fallacia narrativa**". Questa condizione sottolinea la nostra limitata capacità di osservare sequenze di fatti senza aggiungervi commenti e spiegazioni, procurando delle distorsioni che talvolta possono procurare conseguenze dannose. Siamo inclini a dimenticare fatti che non hanno un ruolo nella narrazione, per questa condizione la spiegazione, cioè il *filo logico* che tiene insieme i fatti può diventare più importante rispetto ai fatti grezzi. Ma la spiegazione non e' il fatto realmente accaduto, e questo col tempo può portare inevitabilmente a delle storture del fatto realmente accaduto. Non mi dilungo sulla spiegazione, non è questo lo scopo, e penso che sia molto più esaustivo, leggere la spiegazione di Taleb.

L'importanza di valutare tale condizione, sta nel fatto, che bisogna fare molta attenzione nell' uso improprio della storia e di come ci viene raccontata.

Pertanto chiedo è mai esistita la "questione meridionale" prima dell' unità d' Italia? O sarebbe meglio parlare di come s' è costruita ad arte la "questione meridionale"? Come ha influito e influisce sui Valori del Contesto e quindi sul *"modello culturale"* che condiziona poi la FORMA MENTIS?

Ma si dice che *"il tempo e' galantuomo"*, e quindi tutte le cose torneranno a posto.

Perché molte persone giocano al lotto sui numeri ritardatari?

Può essere che ricevono e percepiscono un errato messaggio sul cambio di probabilità?

Un altro errore che non aiuta a valutare la complessità, è la nostra tendenza a **semplificare.** Tale condizione può ad esempio portare allo scambio di due asserzioni, dove la distanza logica è enorme, ma che in apparenza potrebbe sembrare minima. Faccio un esempio pertinente alla mia Napoletanità.

Quando ho fatto il servizio di leva a Verona molte persone potevano confondere l' affermazione *"molti camorristi sono Napoletani"* con *"molti Napoletani sono camorristi"*.

L' errore logico, quindi, porta a sopravvalutare n volte la probabilità che un Napoletano sia un camorrista.

Spero che il lettore possa riconoscere in questa falsità, l'ingiustizia degli stereotipi.

Oltretutto uno dei limiti più importante della semplificazione è che induce alla non casualità.

Infine, l' errore logico che si commette, e tendenzialmente di maggiore riluttanza ad accettarlo, è la ricerca delle **prove** per confermare le nostre **teorie,** e non **prove** per **confutare** le nostre teorie.

Mi rendo conto che l' argomento è difficile da comunicare, ma, forse la vera difficoltà sta nel cambiamento di una forma mentis, che può realmente aiutare a cambiare il proprio pensiero ed azione.

Ancora oggi, se non sto attento rischio di commettere questo tipo di errore. Forse qualche bella esperienza negativa, che ti segna e che sgretola le certezze di quello che poteva apparire razionale, come è capitato al sottoscritto, può sicuramente aiutare a cambiare.

Posso solo garantirvi che il cambiamento di questa forma mentis è prolifico. Nella mia attività imprenditoriale ho commesso meno errori e fatto più affari. Si vede il tutto con una prospettiva diversa, con un miglioramento evidente nel processo d'analisi.

Ricercare prove di conferma porta ad un meccanismo mentale che tende per natura a confermare la nostra visione del mondo e a prendere in considerazione solo i casi che ci danno ragione. Paradossalmente più informazioni abbiamo e più riteniamo che le nostre opinioni siano giuste. Cerchiamo solo conferme alle nostre ipotesi, anche poche prove che confermino le nostre teorie. Ecco perché un politico, parlerà dei suoi successi e non dei suoi fallimenti.

Il problema della *conferma* influenza il nostro modo di vivere, poiché anche la maggior parte dei conflitti ha origine dal seguente errore mentale. A volte, mi è capitato di osservare che politici di opposte vedute guardano parti differenti degli stessi dati e non convergono mai sulle stesse opinioni.

Questa è una delle caratteristiche di base per trincerarsi nel proprio orticello, per cui un ragionamento è più attento all' apparenza che alla sostanza razionale.

Tale condizione non cerca l' arricchimento del ragionamento.

FORMA MENTIS e i VALORI che la condizionano

"Vivi come se dovessi morire domani. Impara come se dovessi vivere per sempre" Gandhi

Per me nello sviluppo del pensiero di un individuo, un valore determinante lo conferisce la FORMA MENTIS ovvero l' impostazione della nostra mente, condizionata in particolar modo dai <u>Valori del Contesto</u>.

Ma per non dilungarmi e perdere il filo conduttore dello scopo iniziale, non mi soffermerò sulla condizione di dignità ed etica dei Valori del nostro Contesto, e sulle caratteristiche che attualmente influiscono sul nostro modo di pensare e agire. Piuttosto l'analisi che continuerò a portare avanti tenderà a evidenziare la loro responsabilità nella formazione della nostra FORMA MENTIS e quindi del nostro pensiero e la conseguenza nello sviluppo di errori logici.

Qual' è la risposta che più frequentemente udite, per un' azione stupida, fatta senza il più elementare pensare?

Così mi sono soffermato e ho posto molta attenzione, e non solo in ambito lavorativo, all' ascolto della frase dominante come risposta in situazioni del genere, e il risultato è il seguente:

"*Ho pensato ..che.....*" questo è l'inizio dell' argomentazione per giustificarsi, eppure la giustificazione naturale dovrebbe essere il contrario "*non ho pensato.. che...*"

Allora, mi sono chiesto, ma è un problema dell' espressione linguistica, o si potrebbe configurare come un *errore logico*?

Per approfondire meglio, ho iniziato ad osservare con più attenzione le persone, in special modo quelle che avevo vicino, così potevo scrutare meglio certi atteggiamenti e comportamenti.

Ho iniziato ad osservare che le stesse persone che si giustificavano con *"ho pensato.. che.."*, in altre circostanze avevano utilizzato *"non ho pensato.. che.."*. Inizialmente valutando i fatti, appariva solo la stessa condizione mancante di un minimo pensiero riflessivo, e rendeva difficile riscontrare la differenza per l' uso di una forma espressiva, piuttosto che l' altra.

Poi con un' attenzione sempre maggiore sono riuscito a notare alcune differenze sostanziali per l' utilizzo di una delle due forme espressive, e riguardava la *Coscienza o l' Incoscienza* del pensiero/azione, e lo stato dell' *"io"* nei confronti di questi. Riscontrando, inoltre, che questo stato di "coscienza" o "incoscienza" determina un modo diverso di approcciarsi all' ascolto, e alla riflessione.

Alcuni esempi potranno chiarire meglio il mio concetto di **"Coscienza" e "Incoscienza"** .

Per spiegare la dimensione dell' **"Incoscienza"**, faccio questo semplice esempio.

Caio il giorno dopo deve prendere il treno alle 10,00 del mattino e non mette la sveglia, in quanto ogni mattina si sveglia da solo alle 8,00. Per una strana circostanza non si sveglia e perde il treno. La sua giustificazione, con molta probabilità sarà *"non ho pensato* di mettere la sveglia, perché di solito a quell'ora mi sveglio....", è molto improbabile che dica *"ho pensato* di non mettere la sveglia perché di solito....". Davanti alla

Coscienza dell' errore commesso, accettiamo l'
Incoscienza del nostro modo di Pensare e Agire.

Pertanto, definisco l' **INCOSCIENZA** quella
condizione di incoscienza del pensiero/azione, dove c'è
coscienza e consapevolezza dell' errore commesso.

Infine, la **COSCIENZA** il suo opposto, cioè quello
stato di consapevolezza del proprio pensiero, dove è
difficile vedere e valutare l' errore.

Quindi per me, quando ci si trova nello stato d'
INCOSCIENZA, l' esperienza viene assimilata in modo
diverso, perché l'errore è accettato coscientemente, e il
ripetersi di una stessa circostanza dovrebbe accendere
una spia luminosa rossa.

Purtroppo, mi capita sempre più spesso di vedere
un atteggiamento presuntuoso, poco cosciente e riflessivo
anche davanti ad un evidente errore commesso. Allora,
ecco che ti capita vedere delle scene dove due persone che
parcheggiavano l' auto abitualmente in una stradina
privata, dove all' ingresso c'era una sbarra sempre alzata,
un giorno rimasero chiusi dentro. Qual' è stata la loro
prima esclamazione?: "pensavo che la sbarra fosse
sempre alzata..o non pensavo che chiudessero sbarra...".
La verità a cui ho assistito, è che entrambe le persone
hanno esclamato "pensavo che la sbarra...".

La differenza che identifico nello stato di
"coscienza" e "incoscienza", riguarda principalmente la
barriera che si pone in uno stato mentale nei confronti di

una discussione. Lo stato di _"coscienza"_ pone una barriera più alta e più forte.

Cercherò di spiegarmi meglio con un altro esempio .

Alcuni mesi fa, inviai una mail all' ufficio di un mio amico, anche lui agente immobiliare, per metterlo a conoscenza di un nuovo sistema di marketing promozionale che trovai molto interessante, feci però l' errore di inviarlo all' indirizzo della segretaria. Così, alcune settimane dopo lo sentii, e in quell' occasione gli chiesi cosa avesse pensato di quel sistema promozionale. Purtroppo, non ne era venuto a conoscenza, in quanto la segretaria, non gli disse nulla e cancellò la mail. Il mio amico nel capire cosa fosse successo, cercò una spiegazione dell' accaduto alla segretaria, e questi rispose: _"ho pensato che era una delle solite pubblicità, quindi non era importante e pertanto l'ho cancellata"._

In questo caso _"ho pensato.. che.."_, porta un ulteriore aggravante, che non aiuta, e che fa emergere una condizione di superficialità.

Infatti pensare che era una delle solite pubblicità significava averla letta, ma se fosse stata letta con la dovuta attenzione, emergeva che non era la solita pubblicità. Se avesse iniziato la Sua giustificazione con _"non pensavo.. che.."_, molto probabilmente avrebbe continuato col dire che _"non ho pensato che era importante, e non ho posto attenzione nella lettura, e quindi l' ho fraintesa con la solita pubblicità._ Qualcuno potrebbe riformulare un' altra risposta dicendo "ho pensato che non era importante e... non ho posto attenzione nella lettura"

Così emerge e si evidenzia un errore LOGICO di un evidente superficialità, perché come si fa a pensare che non era importante anticipatamente prima di averla letta. Oppure avrebbe potuto continuare dicendo che "ho pensato che non era importante, che era una pubblicità,..perché non ho posto attenzione nella lettura. Ma questa condizione pone nella condizione di **"Incosciente**" *nella lettura, evidenziando così la coscienza di un errore commesso, e pertanto sposterebbe l'asse di attenzione non più sul pensiero, ma sull'errore di come s'è formulato il pensiero. L'accettazione "Cosciente dell' errore" porterebbe comunque al miglioramento nel processo dello stesso pensiero.*

Quindi in futuro dovrebbe esserci un' attenzione maggiore nella lettura.

Ma questo non è accaduto, perché successivamente ho saputo, che la segretaria aveva commesso lo stesso errore. Forse, si spiega così, proprio, per *la dinamica della risposta data.*

Per me la condizione di "ho pensato.. che", rispetto a "non ho pensato.. che", pone una differenza all' ascolto, perché con "ho pensato.. che" s'è fatta un' azione, anche se esternamente appare insensata, dove c'è la consapevolezza del pensiero di farla. In questo approccio, c'è un diverso atteggiamento mentale, che rende più impermeabili al cambiamento, perché "pensavo.. che" è frutto di una coscienza del pensiero, e per me tale condizione esprime una maggiore certezza e presunzione mentale.

Nel processo formativo poi, fa porre meno curiosità e più arroganza, e aiuta a non mettersi in discussione, ponendo una condizione determinante nel "non cambiare e non crescere", dove ai <u>Dubbi</u> si sostituiscono <u>Certezze</u>.

Le resistenze al cambiamento nascono proprio dal bisogno di certezze e conferme rassicuranti. Eppure ciò che oggi ci appare una certezza, non lo sarà più domani.

Nell' analisi che ho fatto per valutare la frequenza dell' essere *Coscienti o Incoscienti* nel pensare e agire, ho notato che la maggiore frequenza di porsi in una condizione di essere "Incoscienti", quindi con l'utilizzo del "Non pensavo.. che.." avviene quando s'è posti davanti a disavventure, ad eventi imprevisti.

In tale circostanza, infatti si abbassano i muri delle certezze, e ci si predispone nell' essere più ricettivi, con la tendenza a consolidare l'esperienza vissuta.

Il problema sta nel modello di *VALORI* adottati, che tende poi nel tempo ad annullare l' esperienza fatta, riportandoci nuovamente nella condizione di ripetere lo stesso errore. Purtroppo, proprio questo *modello Valori* del nostro contesto, è la fonte principale di distorsioni <u>Logiche</u>, che fa porre più frequente la risposta *"ho*

pensato che...", e oltretutto tende a svalorizzare l'
esperienza del singolo, con conseguenze mostruose per la
collettività.

L' incoscienza di un'esperienza porta alla sua
successiva coscienza, e per questa stessa condizione che
lo stato di coscienza ci porta ad essere più convinti delle
nostre posizioni e porre muri più alti all' ascolto.

Il bambino che non ascolta la mamma, e si scotta
vicino al forno, metabolizza con la scottatura il passaggio
dell' incoscienza del pericolo, alla coscienza di non
ripetere lo stesso esperimento. Sperimenterà qualche
altro stato di incosciente pericolo, ma difficilmente e
improbabilmente lo stesso.

Per me la condizione dell' atteggiamento mentale
di Coscienza o Incoscienza, ci pone in una condizione
diversa nello stato di **imparare dagli errori**,
l'esperienza è assimilata in maniera diversa, con una
condizione più riflessiva, e questo potrebbe aiutare lo
stato del *"Prevenire"*.

Questa forma mentis potrebbe aiutarci
maggiormente in un contesto attuale e veloce come il
nostro, dove il pensiero e l' azione hanno un intervallo
sempre più microscopico, e dove poi la condizione di
errori logici trova il suo terreno fertile per aumentare la
nostra catastrofica superficialità.

Inoltre, questo aiuterebbe a non adottare lo
stesso schema mentale, a distinguere maggiormente le
azioni, e in queste differenze cercare una base di

maggiore ragionevolezza e riflessione, provando così a non alimentare il Caos e non facendo travolgersi da esso.

Ecco il problema è che il nostro ambiente *Macro e il modello Valori* da questi generato, crescendo ci fa perdere *l' Incoscienza* sul modo di approcciarci ad imparare, e questo poi condiziona e pregiudica il PENSARE e l'AGIRE.

Si potrebbe chiedere in che modo pregiudica il Pensare e l'Agire, che queste differenze non sono così ovvie, come si può provare. Freud ha costruito i principi basilari della psico-analisi, con le valutazioni e la relazione dei suoi pazienti.

Le mie considerazioni, sono ipotesi, frutto di continue osservazioni nelle relazioni umani della mia attività, col solo scopo di stimolare e migliorare la riflessione sui processi che entrano in gioco nella formulazione del nostro pensiero/azione. Pertanto Vi invito sul mio BLOG www.gennarocanistro.blogspot.it a formulare le Vostre riflessioni, con lo scopo così di arricchire la discussione, anche confutando tali ipotesi da me formulate, potendo permettere così un ulteriore arricchimento del mio pensiero.

" Pensare è un' arte che si impara come tutte le altre e anche con maggiore difficoltà." Jean-Jacques Rousseau

Capitolo 7
Dubbi e certezze
"Di tutte le cose sicure la più certa è il dubbio"

Bertolt Brecht

Vi state chiedendo se faccio ancora il venditore?

Potrei apparire un venditore *"sbiadito"*, come si fa a vendere senza propinare certezze, i dubbi non aiutano a superare le obiezioni."

Invece il dubbio ha alimentato la mia conoscenza e di conseguenza ha migliorato il mio operato e i relativi risultati.

Ma questa dovrebbe essere la naturale conseguenza, quando per *Dubbio* intendiamo quel mezzo che serve per compiere un ragionamento, che ha come scopo quello di prendere decisioni, quindi per poter individuare quale possa essere la strada migliore da intraprendere.

Molte volte invece la visione del *Dubbio* è quella dell' incertezza di fronte ad una scelta.

Ecco riemergere i problemi di una degradazione culturale. Come detto per l' equivocità sulla *"fiducia in se stessi"*, lo stesso ho potuto riscontrare sul *"Dubbio"*.

C'è molta confusione di interpretazione e valore, addirittura l' ho visto associato al senso di paura.

Questi equivoci, non fanno altro che far perdere il

reale valore dell' elemento *"Dubbio"*, con la consequenziale perdita di valore dell' elemento della *"Ragione"*.

Poi questa mancanza di ragionevolezza può, più facilmente, determinare uno stato iniziale di errore logico, e una distorsione tra pensiero e azione. Per rendere il concetto meno astruso, procederò con delle domande e degli esempi.

Qual' è la molla che precede un ' investimento?

Si potrebbe dire semplicemente il guadagno.

Per fare cosa?, Si ha sempre una motivazione, anche il piacere della sola accumulazione.

Come investire?

Perché investire in titoli di Stato, piuttosto che azioni o immobili?

Come facciamo l' analisi per le scelte?

RIFLETTETE!

Adesso, però per aiutarvi nella riflessione, è meglio che vi racconti un episodio.

Un giorno del mese di Giugno 2007 mi contatta un promotore, dicendomi che gli ero stato assegnato, come cliente, in quanto il vecchio promotore che era un mio amico se n'era andato, e così mi chiese un incontro.

Anche se ben potevo immaginare la finalità dell' incontro gli concessi comunque l' appuntamento.

Venuto all' appuntamento, questi si presentò con un armamentario di tutto rispetto, portatile, brochure, stampe di analisi dei vari mercati, ecc. La questione si pose subito, secondo la Sua posizione, sulla mia cattiva pianificazione finanziaria.

Egli non trovava il nesso logico degli strumenti finanziari da me utilizzati, dove a strumenti privi di rischio si alternavano operazioni altamente speculative, quasi da scommettitore. Così prima ancora di porsi delle domande e iniziare a capire, iniziò a farmi le classiche domande per valutare una corretta pianificazione finanziaria. Così nel rispetto del suo tempo, lo interruppi, chiarendo subito che ero cosciente della strategia perseguita, facendogli percepire la mia conoscenza degli strumenti finanziari utilizzati e più in generale di avere una buona conoscenza finanziaria.

A questo punto, gli spiegai la mia condizione di imprenditore immobiliare, e confermai la mia predilezione a tale investimento, non perché privo di rischio, ma semplicemente perché nella condizione di trading, avevo più elementi di conoscenza, potendo così fare un'analisi più attenta e consona al fine di evitare il più possibile gli imprevisti del CASO.

Nonostante le delucidazioni fornite, questi cercava con ogni mezzo di prevaricare con le sue tesi. Avevo cercato di non controbattere le tesi propinate, anche se era forte la mia voglia di confutarle, ma poi ad un certo punto mi sentii costretto a farlo e a ridicolizzare le sue CERTEZZE.

Ricordo che una delle Sue convinzioni era che i mercati azionari erano sempre vincenti nel lungo periodo.

Così gli chiesi quando si poteva rivedere l' indice Nikkei sui livelli di picco massimo raggiunto nel 1990. Ma non ci fu risposta e si sentì costretto a cambiare il versante dell' argomentazione e discussione.

E spostò l' argomentazione su una Sua presunta condizione differenziale, quella di essere prima un "consulente" e poi un "venditore". Utilizzò, tale precisazione, per specificare la sua prudenza per il cliente. Evidenziò inoltre di non aver mai venduto o consigliato fondi e titoli azionari della internet economy, dove era ben evidente la sproporzione di prezzi, salvaguardando così i suoi clienti.

Allora col senno di poi, perché se era stato bravo a valutare la bolla dei titoli della internet economy, non poteva mettere in discussione un sovrapprezzo di quasi tutti gli indici azionari in quel momento?

Ecco come il modello *VALORI* determina <u>errori logici</u>, che deviano la ragionevolezza nella sua forma più ampia. E come se io nella mia attività di agente immobiliare esaltassi la condizione di fare visure ipotecarie per garantire l'acquirente nell' acquisto. Se si ponesse una simile attenzione significa che c'è un problema di operato.

Ricordo pure come sostenesse la tranquillità di alcuni titoli bancari, ed oggi la loro quotazione è qualcosa di più di 1/10 rispetto ai valori del tempo. E in quel momento non avrebbe mai consigliato un titolo come Apple, è pure invece a dispetto della caduta delle borse, ha continuato a crescere.

Poi, ad un certo punto, si trovò lui nella condizione di chiedermi un parere sul prezzo e sulla vendita di un immobile che gli era pervenuto in eredità insieme al fratello, e che nessuno dei due utilizzava. L' immobile era stato posto in vendita al prezzo di € 420.000,00 ed aveva pure una persona interessata ad € 370.000,00. Gli dissi che apparentemente il prezzo richiesto mi sembrasse alto, e precisai subito che conoscevo quella zona sommariamente, perché non operavo direttamente. Però, se avesse voluto, gli avrei potuto far valutare l'immobile correttamente da un agente immobiliare che conoscevo. Mi soffermai poi più su un aspetto generale del mercato, esponendo la mia ipotesi che il mercato immobiliare era alla fine della corsa dei prezzi, e con una buona probabilità di uno storno dei prezzi nel tempo. Argomentai le mie motivazioni sul rapporto inadeguato dei prezzi con i redditi medi ecc, e consigliai di non perdere tempo, di non soffermarsi su differenze, che potevano diventare marginali da lì a poco, e di vendere.

Ma la risposta fu che non aveva fretta, e che ribassare il prezzo della sua richiesta, equivaleva a svendere. Alla fine poi, prima di andarsene, dato che si parlava dell' improbabile, gli chiesi se giocasse al lotto, e in particolare sui numeri ritardatari. Ma alla mia domanda si fece una risata, e snobbando una risposta mi salutò e se ne andò. Ancora non ho capito cosa abbia detto di così offensivo! Eppure era lui che cercava di imporre le sue tesi, anche sul campo immobiliare. Se avessi registrato la conversazione e l' avessi fatta ascoltare, sarebbe apparso lui l'esperto immobiliare.

La differenza tra noi, anche quando si erano invertiti i ruoli, era la sostanziale certezza delle sue risposte. Come se la Sua conoscenza fosse fonte di verità.

Ecco un esempio tipico di uso improprio e di errore nel valutare la storia.

Dimenticavo di dire che l'immobile è ancora in vendita a 320.000,00 €. Mi chiedo perché adesso lo stia svendendo, ipotizzando che ora lo stia svendendo! Si svende qualcosa, quando si vende ad un prezzo inferiore ad una serie di prezzi realmente venduti nel momento che si vuole vendere.

Esiste il rischio impresa? Se confermaste come mi auguro la risposta, allora Vi chiederei che cos'è, come lo definireste e perché esiste? Per me esiste proprio perché non c'è certezza della conoscenza, e in particolare non conosciamo cosa e dove possiamo sbagliare.

In certi limiti si può essere certi del proprio operato, non del risultato, e la certezza di un risultato passato, non implica che sia anche per il futuro. Eppure non sono pochi i casi in cui ho visto vendere certezze di risultati futuri.

Qual' è l'origine e il problema di tale condizione?

Per me un problema evidente è che l' ignoranza ha cambiato connotati, e prescinde dal titolo di studio. Per questo, per esempio c'è sempre più attenzione al rumore mediatico e meno riflessione per fare un' analisi indipendente.

Perché parlo di rumore mediatico?, Perché mi chiedo, come si può dare importanza ad una testata giornalistica che nel giro di una settimana, cambia tesi su uno scenario economico?

Ci sarebbe tanta attenzione, se fossimo coscienti di questa incapacità e servilismo dei media?

I media, per me sono tra i massimi fautori e propinatori di certezze nel Contesto attuale. E sono responsabili nella creazione e modellamento dei VALORI micro e macro dell' individuo.

LE CERTEZZE NON TENGONO CONTO DEL FRAGILE EQUILIBRIO TRA SENTIMENTI E RAGIONE.

Questo modo di fare alimenta uno stato confusionale, e forse proprio per questo fa molto comodo, aiuta l' approssimazione, e in molti casi come nella politica, o nella finanza, distoglie lo sguardo dalle responsabilità.

Forse per questo che gli economisti- e politici sembrano assomigliare ad una sorta di indovini dove alla base della comunicazione c'è sempre un senso di vago, in modo che le loro dichiarazioni possono apparire sempre inconfutabili.

"Chi perde la sua individualità perde tutto" Gandhi

Capitolo 8
Ragione e sentimenti

"Chi insegna che non la ragione, ma l'amore sentimentale deve governare, apre la strada a coloro che governano con l'odio."

Karl Popper

Qual' è il giusto <u>equilibrio</u> tra *RAGIONE E SENTIMENTI*?

Il dibattito tra *Ragione e Sentimenti*, volendo nei Sentimenti includere anche la Fede, oltre ogni sentimento dell' animo umano, ha sempre appassionato la storia della filosofia, in special modo in questi ultimi secoli.

Secondo Voi chi prevarica o dobbiamo far prevaricare?

Le nostre scelte in che misura seguono la Ragione o l' Emotività?

Perché in un ragionamento pensiamo una cosa o poi ci capita di agire nella maniera opposta?

Pensando ai dibattiti accesi da grandi filosofi, cercherò di rispondere con la mia esperienza, in particolar modo con l'analisi delle scelte e delle vicissitudini delle persone che sono entrate in contatto con me nel tempo. Nel confronto tra *Ragione e Sentimenti*, la conferma che ho ricevuto in centinaia di trattative effettuate, è che la *Ragione* ha perso la partita con un risultato netto.

E proprio partendo da tale considerazione, deduco che il miglioramento della condizione dei nostri limiti umani debba e possa avvenire con un' educazione volta a favorire l'uso della *Ragione* come strumento <u>critico</u> di equilibrio delle nostre emozioni e sentimenti. Per questo vedo nella *Ragione* lo strumento per ricercare con coscienza i propri errori e imparare da questi. Semplificando cito una frase, che conosceranno in molti "errare è umano, perseverare è diabolico."

Ma allora perché si commettono spesso gli stessi errori, e si resta pure indifferenti?

Il problema per me non è sbagliare, ma perseverare nello sbaglio.

Perché in Italia il fallimento è visto come una condanna da dove non ci si può più rialzare?

Un limite alla nostra crescita e ad una condizione perseverante dello "sbaglio", lo vedo in questa secolare contrapposizione forte tra Ragione e Sentimenti, dove a vincere è stata l'arroganza della <u>*"non fallibilità"*</u>. Favorendo un *Modello Culturale* che oscura il ricordo, la riflessione e l'autocritica a dispetto della perseveranza dell' errore e dello sviluppo del pensiero tendente allo schematismo.

Il tutto poi condito da *CERTEZZE*, che non tengono conto del fragile equilibrio tra *Sentimenti e Ragione.*

Ecco, forse, perché parecchie volte ho assistito al ripetersi di errori che in alcuni casi hanno portato alla rovina persone, che altrimenti non avrebbero mai potuto cadere in disgrazia se non per merito di errori ripetuti.

E' così che Antonio un mio cliente da un' estrema agiatezza è passato alla svendita di immobili per cercare di mantenere un decoro a cui era abituato, al sopraggiungere della vecchiaia.

Antonio era un manager e socio di una grossa società nel campo alimentare, e all' età di sessant' anni dopo aver sistemato tutti i figli e trovatosi vedovo, decide di prendersi la lauta liquidazione e dedicare maggior tempo alla propria persona. Antonio era stato un manager brillante quando aveva diretto l'azienda, contribuendo in modo determinante alla sua crescita. Era deciso e riflessivo nelle scelte da fare, ma purtroppo non lo è stato altrettanto nella gestione del suo patrimonio e nella sua vita privata. Fidandosi di persone, non per il loro grado di competenza, ma semplicemente per il grado di parentela. Antonio era stato di un' ingenuità che non gli apparteneva nella sua vita lavorativa, affidandosi e delegando in una maniera cieca le scelte d'investimento a suo fratello. Ripetendo continuamente lo stesso tipo di errore.

Perché una persona preparata nel suo settore, non mancante di una visione critica e di un buon livello culturale, ha commesso per tre volte lo stesso errore, depauperando parte di un patrimonio accumulato con la fatica e i sacrifici di una vita? Forse, perché a prescindere dall'età, dall'esperienze le *Emozioni e i Sentimenti* guidano le scelte nella nostra vita. E la *Ragione* deve essere lo strumento critico di equilibrio e non come condizione di anteporsi e sostituirsi ai nostri *Sentimenti*.

Per me una delle note dolenti è stato il contrapporre l'una o l'altra in una condizione di confronto, e non cercare il connubio tra le due, e questo spiega una condizione utopistica nella sola speranza illuministica.

Non a caso l'esempio di Antonio, può dimostrare come una persona apparentemente retta, può essere tratta in inganno semplicemente da un modello culturale che tende con lo schematismo a dividere la personalità, mettendo da parte la criticità che lo accompagnava nel lavoro dando così sfogo alla prevaricazione dei propri sentimenti e delle proprie emozioni.

Perché tanta sfiducia nella politica e nelle istituzioni? Precedentemente ho parlato di un problema di *etica e convenienza*, ma per me non è da meno la presunzione e l'arroganza di essere portatori di verità, di avere soluzioni ai problemi creati da "*altri*", di essere pronti e reattivi a criticare, e non cercare mai il confronto per un'autocritica delle proprie soluzioni.

Ma l'errore è di tutti, anche di noi elettori. Ancora oggi dopo quello che è successo e succede, verificando gli errori commessi, siamo indotti a non valutare *l'origine* degli errori commessi, e a rifare gli stessi errori. Perché?

Se facessimo delle domande e per chi deve governare se Tizio o Caio, oggi probabilmente vedremmo solo la sfiducia per Tizio o Caio. Quasi nessuno pone l'attenzione su come potremmo organizzarci affinché dei nuovi Tizi o Caio, che dovremmo evitare di procurarci, ma che se facilmente potrebbero ripresentarsi, non possano fare troppi danni.

Allora come potremmo migliorare? Cosa possiamo fare? C'è un modo?

Per me il cambiamento è possibile nel momento in cui ci sradichiamo tutti, delle nostre convinzioni, partendo dalla <u>fallibilità non solo della conoscenza, ma più in generale dell' essere umano</u>. Questa è una condizione essenziale alla non prevaricazione, cercando così di risolvere il maggior numero di conflitti, mediante l' uso della ragione, anteponendo quest' ultima come strumento anche alla non violenza.

Questa è anche, la strada primaria per sradicare il potere come forma di prevaricazione, incamminandosi così verso una vera libertà che possa dare spazio all' espressione del singolo.

Ecco, questo per me è il punto di partenza per un reale cambiamento.

Qualcuno, potrebbe ritenere il mio pensiero utopistico. Rispondo che è il pensiero che s'è formato in anni di attività in cui c'è stato un allenamento continuo alla soluzione di problemi, dove l'autocritica era la base per un miglioramento continuo delle mie performance di venditore prima e di imprenditore dopo.

Sicuramente, qualcuno mi obietterà che le problematiche avevano delle specifiche ben delimitate, che la soluzione del problema di un singolo non equivale ad un problema collettivo.

Ma il singolo individuo forma la Collettività e questa a sua volta forma l'individuo.

Allora se dobbiamo porre una separazione tra l' individuo e la collettività, perché c'è sempre maggiore attenzione al *"Comportamento"* in economia e nella finanza come condizione generale e non del singolo?

Forse, perché le decisioni, soprattutto in condizioni di incertezza, quale quella attuale, non seguono unicamente analisi e valutazioni logico-razionali.

La vita stessa in qualsiasi attività è profondamente intessuta di vissuti ad alta densità emotiva come la rabbia, la gioia, la paura, il desiderio ecc.

Se il posto di lavoro è luogo di emozioni, e il mercato ha *"sentimenti"*, allora il "sapere" dei sentimenti, è una risorsa da riconoscere. E partendo dal riconoscere questi aspetti, che la Ragione può essere adoperata come strumento critico e di equilibrio.

Ecco per me quello che deve essere *il connubio tra Ragione e Sentimenti.*

Questo connubio volto ad un modello *Culturale Generale*, favorirebbe anche quel processo per aiutare la comprensione ed evitare *fraintendimenti.*

Il fraintendimento, inteso anche nella condizione

di un travisamento più ampio di un concetto, pensiero e azione trova la sua radice proprio nella chiusura di una visione al particolare.

Il problema trova origine anche in un processo di educazione tendente all' utilizzo di un *metodo induttivo*, non come metodo di ipotesi, ma come base per "asserzioni/teorie" di certezze. Forse, perché le storielle sono di più facile ricordo.

Così se faccio un viaggio indietro nel passato con la mente, quando la mia lettura era solo proiettata a far crescere la mia biblioteca monotematica, penso all' approccio quando lessi la prima volta un libro di George Soros. La curiosità dell' epoca era solo per valutare le mosse dell' abile finanziere. E riguardo al Suo tratto filosofico, non diedi più importanza del dovuto, trascurando così elementi chiave nella comprensione generale del testo. Col passare degli anni, e con l' approccio alla filosofia, ho riletto quel libro, capendo quanta filosofia c'era nel successo delle scelte dei suoi investimenti.

E come disse Seneca, ecco perché la filosofia insegna a fare e non a dire.

"*Chi vuole muovere il mondo prima muova se stesso*" Socrate

Capitolo 9

Le mie conclusioni

" Il vero viaggio di scoperta non consiste nel cercare nuove terre, ma nell' avere occhi nuovi" Voltaire

Dopo varie settimane sono giunto alla *mia* conclusione, quella di fermarmi.

Lo scopo era quello di sintetizzare la complessità al fine di valutare meglio la necessità di meditare e riflettere, potendo così ricercare con la criticità della Ragione, il miglioramento del proprio Pensiero e delle proprie Azioni, fuori dallo schematismo convenzionale.

Perché la mia conclusione?

Per me non esiste un' unica verità, pertanto non esiste un' unica conclusione.

Questa, quindi è la mia conclusione, partendo dal fatto che ognuno di Noi, ha le proprie debolezze, le proprie virtù, caratteristiche, ecc.

Pertanto ognuno deve trovare il proprio percorso, e nel filosofare ognuno può porsi i propri interrogativi.

Ci possono essere delle basi comuni su cui fondare il proprio percorso come *l' Autocriticità*. Perché soltanto *l' autocriticità* potrà portare ad un reale miglioramento del singolo e della propria condizione. Ed, è proprio da questa, che può partire il miglioramento del Contesto generale e dei suoi *Valori*. L' *autocriticità* è l'unico pilastro che bisogna costruire nella forma mentis dell' individuo, per proteggerlo dalle insidie dei vizi quali l' arroganza, la presunzione, che lo hanno sempre portato sulla strada della regressione della dignità umana.

L' Autocriticità prescinde dall' ingerenza dei *Valori* e *influenze* che tutti noi subiamo e subiremo, di ciò che ci piace, ciò che condividiamo, ecc.

Così come un poeta avrà avuto qualche ingerenza nella composizione di una poesia, posso dire che il mio pensiero è stato influenzato dalle esperienze e letture che ho fatto, e lo potrà essere da quelle future. Allo stesso tempo, ho condiviso alcune teorie, piuttosto che altre.

In questa *ingerenza* potremmo, anche trovare la spiegazione di quando avviene il passaggio da un estremo all' altro. Ho conosciuto persone che da comunisti sono diventati liberali, ma il problema si pone quando c'è un' *ingerenza* degenerativa nei *Valori del Contesto.*

Tale riflessione potrebbe apparire fuori luogo, quasi come stessi fuoriuscendo dalla filosofia per invadere il campo della psicologia. Ma per me non lo è sia per l' importanza che attribuisco ai *Valori del Contesto*, e sia da come vogliamo vedere le cose. Parecchi non sanno che il merito di padre fondatore della psicologia come disciplina accademica viene attribuito al tedesco Wilhelm Wundt che fu professore di filosofia a Lipsia. In realtà già alcuni filosofi greci come Platone e Aristotele posero interrogativi che ancora oggi sono alla base della ricerca psicologica. Tutto ciò dovrebbe far riflettere alla relazione interdisciplinare e globale che vive l' individuo e la società, e il rischio che si corre dal depauperimento e degrado culturale e il successivo pericolo nella formazione dei *Valori del Contesto*. Forse riporre al centro del sistema culturale/scolastico la filosofia potrebbe aiutarci ad uscire da quest' impasse.

Alcuni mesi fa, e precisamente il 07 dicembre 2012, Piero Angela ha condotto una puntata di "superquark" che s' intitolava "come uscire dal tunnel", dove affrontava il delicato tema della crisi che stiamo vivendo, e dove poneva l'accento sul delicato tema della crescita, in particolar modo nelle sue fondamenta. Per crescere dobbiamo ritornare a progredire, e ciò potrebbe apparire scontato, ma non si vede che la strada intrapresa è quella del regresso, non del progresso. E' vero che la parola progresso potrebbe vedere mille interpretazioni. Per me il progresso deve cambiare forma, non dev'essere più interpretato come sola condizione economica, ma alla base deve esserci la crescita della persona e della dignità umana.

Il nostro patrimonio culturale e' il frutto dell' attenzione alla bellezza dei nostri avi, e' l' attenzione a primeggiare, a lasciare un segno, è una firma nel mondo dell' epoca. L' attenzione ad attrarre le migliori conoscenze del tempo rappresentano un patrimonio unico oggi non replicabile, ma l' ignoranza di oggi oltre alla cecità delle potenzialità di sviluppo rischia di compromettere un ingranaggio che ha permesso di costruire il nostro Made in Italy come emblema di stile e creatività.

Io sono e voglio essere ottimista, ma per mantenere tale aspettativa penso che sia necessario un veloce e radicale cambiamento.

Tale cambiamento necessita proprio di quello che in alcuni momenti ho accennato come "***Percorso inverso***", e anche se non menzionato così frequentemente, proprio per l' importanza che attribuisco al cambio di rotta, l'ho inserito come titolo del libro, questo perché da imprenditore, ma ancor di più da "uomo di strada" e padre, sento necessario un percorso opposto a quello che si sta facendo per cercare un virtuoso cambiamento reale che possa tornare a farci sognare e più che mai a ridare speranza ai giovani.

Adesso però, è arrivato il momento di fermarmi, altrimenti trascendo, e il libro perde la sua finalità, e chiudo ponendomi alcune domande:

Questo status quo, con questo modello *Valori*, alimenta nelle sue delusioni uno stato di ansia e depressione?

Come determina i nostri sogni?, E quanto giova alla nostra felicità ipotizzando di ricercarla?

www.ingramcontent.com/pod-product-compliance
Lightning Source LLC
Chambersburg PA
CBHW062107280526
45788CB00003B/1384